ENKELIT ISTUVAT HIPAISEMALLA

Harry Torvinen

Hymytytölleni

Kaiken kokemani läpi,

näen lempeän hymysi.

Hyväksyvän, ymmärtävän.

Rakastavan hymysi.

Voin nähdä sen aina,

voin tuntea sen aina.

Hymysi on sydämessäni.

Rakkaani.

Sinä hymyilet elämän.

Harry Torvinen

ENKELIT ISTUVAT HIPAISEMALLA

Runoja

Kustantaja: BoD · Books on Demand GmbH, Helsinki, Suomi
Kirjapaino: Libri Plureos GmbH, Hampuri, Saksa

ISBN: 978-952-80-8360-3

IHMINEN

Hän ei ollut hiljaa,
*   vaikka niin luultiin.*
Hän puhui niin hiljaa,
*   ettei kukaan kuullut.*

NÄMÄ SANAT

Vähän sanoja,
muutama mukaan.
Nämä sanat.
Enempää ei annettu.
Ne on jaettava.
Luotettava,
että ne riittävät.
Miten ne riittävät?
Nämä sanat.

IHMISEN TARINA

Tarinankerääjä kuulee,
syvät pohjavirrat,
    pintaa lähestyvät.

Sana sanalta hän lukee
sanotun kerrotun sijaan,
    sitä ei voi salata.

Ihminen voi sanoa paljon,
mutta jos ei avaa sydäntään,
    ei sano mitään.

Ei ihmisen tarina ole sellainen,
    se on rosoinen.

HILJAA

Hän ei ollut hiljaa,
    vaikka niin luultiin.
Hän puhui niin hiljaa,
    ettei kukaan kuullut.

HÄN OLI ELÄVÄ RUNO

Hän oli elävä runo,
elämän kirjoittama.
Luettavana vain ajan,
ihmisten haavoittama.

Hän oli elävä runo,
säkeensä muuttuivat.
Runossa loppusoinnut
alati vaihtuivat.

Hän oli elävä runo,
taakkojen painama,
Ahdistunut ja vapaa,
huolien sitoma.

Niin elävät runot,
elämän kirjoittamat.
Jälkeen jäävät polut,
säkeet sanattomat.

RIKKI MENNEET

Jokainen tarina on päältä sileä ja puhdas,
    sisältä rosoinen ja pinttynyt.
Elämä jättää jälkensä.
Vain särkynyt voi kirjoittaa.
    rikki menneelle.

ROSO

Elämän tärkein osa on roso.
    Se tulee esiin,
    kun pinta rikkoutuu.
On keskityttävä siihen.

Ihmisen tarina on säröinen.
    Rikki mennyt ja rosoinen.

EHJÄ PUOLI

Ajattelen usein,
kuinka paljon meitä on.
Urheita uupuneita,
jotka nostavat toisiaan.
Rohkaisevat ja yrittävät,
esittävät vahvaa pärjääjää.
On niin paljon helpompaa
kääntää ehjä puoli esiin.

TYRKÄTTY

Tyhjyys huutaa äänettä.
Miten sen kuulisi.
Miten sinne löytäisi?
Liian ehjä ei voi.

Eksyy.

On oltava tyrkätty.
Nyrjähtänyt kuin nilkka.

Ontuva.

Tyhjiin käsiinsä katsonut.
Syrjästä tapaa tyrkätyn.

OLEMATON

Ei halua tulla havaituksi.
Ei nähdyksi.
On sulkenut kaiken.
Katsoo pimeyden läpi.
Kantaa käsissään tyhjyyttä.
Yli menty ja kuljettu.

Miten niin voi,
kuka niin voi?

Elää.

SYRJÄTTY

Syrjätty sisin on siinä.
Havahtaa katseesta.
Katoaa kosketuksesta.
Hajoaa hipaisusta,
putoaa tyhjyyteen.
On kulkenut kauas.
On tässä.

Syrjätty.

HELPOSTI SÄRKYVÄÄ

Postipaketti, kolhittu ja repaleinen,
joskus odotettu, nyt unohdettu.
Lavan reunalle pölyttynyt.
Ruskea pahvilaatikko palautuslavalla.

Monessa kyydissä kulkenut,
kiireessä heitelty.
Kovissa käsissä tylysti tyrkitty.
Helposti särkyvä, varovasti käsiteltävä.

Kun laatikkoa ravistaa, sisällä helisee.
Ihminen on helposti särkyvä.
Käsiteltävä varovasti, kauniisti kohdeltava.
Säröinen särkyy herkästi.

Joku kestää kaiken, toinen särkyy kolhusta.
Kuka särkyneen korjaisi?
Ehkä sellainen, joka kerran rikottiin.

NÄKYMÄTÖN KULTALANKA

Me elämme täällä toisiamme varten ja vuoksi,
siksi vain annettu on omaa ja jaettu moninkertaistuu.
Lohdun sanat, rohkaisu ja kannustaminen
ovat iso sivu ihmisen tarinaa.

Tarinaa, joka alkaa ajatuksina,
muuttuu sanoiksi ja päätyy teoiksi.
Hyvien sanojen ja tekojen muistot
on syytä säilyttää,
ne kantavat vaikeiden aikojen yli.

Kultaisena lankana ne liittyvät yhteen
kiertyen turvaköydeksi,
joka vetää ylös epätoivosta.
Kultaisten läheisten ja ystävien
sanat ja teot eivät katoa koskaan.

TOTUUDEN SANOJA

Hän puhui suoraan.

Totuuden sanoja.

Painavia sanoja.

Kuulija löydettiin
jäiden lähdettyä.

Totuuden sanat,
uppoavat syvälle.

Hän totesi.

MURENE TUHKAA

Hänen tarinansa kirjoitettiin lehtiin.
Painettiin paperiin ja julkaistiin.
Yksi jäi mökille, unohtui.
Löytyi kesällä saunan sytykkeeksi.
Koivuhalot paloivat viimeiseen kipinään.
Luukusta leijaili hiiltynyt paperinpala.
Putosi lattialle ja hajosi kuparilevylle.

Hänen tarinansa.

Murene tuhkaa.

PYSYVÄ ETÄISYYS

On parempi pitää etäisyyttä,
niin sanottiin ja varoitettiin.

Älä mene liian lähelle,
ettei luulla kaveriksi.

Menee uskottavuus.

Uskoivat tietysti,
kun sanottiin.

Nyt on kaksi metriä.

Pysyvää etäisyyttä.

IHMINEN

Väsynyt vaeltaja,
elämän vastamäkien
raskaiden, loputtomien.
Uupunut kulkija.
Paineiden painama,
velvoitteiden vaatima,
epäonnistunut, riittämätön.
Uupunut uneksija.
Sisäisten särkyjen,
kipeiden niskojen,
lyijynraskaiden,
nääntynyt.
Uupunut kantaja.
Ihminen.

HITUNEN

Ihminen on osa luomakuntaa,
hitunen kokonaisuudessa.
Yhtä arvokas
        kuin kellastuva koivunlehti.
Yhtä kaunis
        kuin punertava haavanlehti.
Yhtä tarpeellinen
        kuin oravan avaama kuusenkäpy.
Yhtä hyödyllinen
kuin lahoava puu metsässä.

TULI IHMINEN

Ei tullut mitalia.
Ei tultu kiittämään.
Ei käymään.

Tuli rikkinäinen.
Tuli kipujen kantaja.
Tuli ymmärtäväinen.
Tuli särjetty.

Oppi särkyneiden kielen.
Tuli inhimillinen.
Tuli ihminen.

KIPU

Kolhittuja sanoja,
kokemuksen kivuliailta
kivipoluilta.

SIIVET

Tähän asti siivet kantoivat,
sitten sakset sattuivat.
Nyt eletään siipi maassa,
Siipirikkona, siipirikkojen maassa.

KAKSOISPISTE

Vain kipu voi viedä eteenpäin.
Ilman kipua ei olisi elämää.
Kipu on kaksoispiste,
     vastausta vaativa.
Ilman kipua olisi tarinassa
     pelkkä piste.

SILTA

Sietokyvyn suhteen
    ihminen on omavarainen.
Aivan kuin perhosen toukka,
itsestään siltaa valmistava.
    Yli kivun kantava.

PIIKKI JA KOTIIN

Kuulin, ettet saanut myötätuntoa.
Sinua ei tuettu sairautesi kanssa.
Piikki ja kotiin.
Seuraava potilas.
Kaikki ohi viidessä minuutissa.
Minusta tuntui pahalta.
Ihminen tarvitsee apua, vahvinkin.
Myönsipä tai ei.

VAIKEIDEN PÄIVIEN YLI

Dystonia on ailahteleva sairaus.
Joskus piiloutuu,
toisinaan riepottelee
    kuin syystuuli oksaa.
Ymmärrys ja myötätunto
ei alleviivaa persoonaa sairaudella.
On rinnalla, ymmärtää.
    Auttaa vaikean ajan yli.

PAREMMAT PÄIVÄT

Olen tästä täysin varma.
Inhimillinen tuki ja ymmärrys
on voimaannuttavaa ja hoitavaa.
Joskus piikkejäkin parempaa.
Tämä oikukas sairaus
on kuin ylivoimainen painija.
Vie siltaan,
nujertaa henkisesti ja fyysisesti.
Vääntää pään ja selättää.
Siinähän olet ja kouristelet.
Hyvänä hetkenä voit lohduttaa.

Paremmat päivät tulevat vielä.

VÄÄNTÖÄ

Dystonia on jännittävä sairaus.
Maailmassa arvioidaan olevan
muutama miljoona sairastavaa.
Suomen kokoinen kansa
voisi elää Dystoniassa.
Siinä valtiossa vääntöä riittäisi.

PARANEMISEEN JA KYPSYMISEEN

Moni salaa dystonian, jos pystyy.
Tietysti sairauden edetessä
se on mahdotonta.
Diagnoosi on yleensä jo helpotus.
Oma kokemus on,
että elämä jatkuu
dystonialla tai ilman.
Kun sen tajuaa,
astuu ison askelen eteenpäin.
Paranemiseen ja kypsymiseen.

HETKI

Katselen hetkeä,
kuin pysäytyskuvaa.
Ilmeitä, sanoja,
        viestejä.
Ne kulkevat kohti,
menevät ohi,
palaavat joskus.
Pieni olikin suuri.
        hetkessä.

HIPAISU

Aamuyön tunteina,
    yön peilissä.
Väsyneet kasvot,
    eletyn kuvassa.
Tuulenvire väräjää järvenselällä.
Höyhen sipaisee kämmenselällä.

Enkelit istuvat hipaisemalla.

ELÄMÄN ASKELMERKIT

Yksi askel, ajattelen ja keskityn siihen.
Milloin rohkeus tulee?
Rohkeus astua se askel, joka vie kivun yli.
Onko rohkeus pelon vastakohta,
vai vastavoima?
Voiko rohkeutta säilöä, kuin kesän satoa.
Käyttää kivun hetkellä?
Pelon kivet ovat raskaita kantaa,
niiden alle uupuu,
putoaa polvilleen,
odottaa, että rohkeus palaa.
Joutuu toteamaan, ettei ollut niin vahva,
kuin kuvitteli.
Pelko oli viisaampi.
Jaksoi odottaa ja kuunnella uhon hetket,
uuvutti ja väsytti,
tuli kuin kotiinsa.
Otti paikkansa ja totesi tylysti,
"Tämä on pelon tila,
pääset siitä poistumalla".
Oli vain odotettava, että rohkeus palaa.
Tulee oikealla hetkellä,
ottaa kivet,
nostaa repusta yhden kerrallaan.
Asettaa polulle astinkiviksi.
Antaa voiman,
astua kivun yli.
Pelon raskaat kivet muuttuvat
askelmerkeiksi
elämän polulle.

SULJETTU

Päivä sulkee,
elämä sulkee,
sanat sulkevat.
Kaikki menee kiinni,
ihminen väsyy.
Elämä käy ankaraksi,
armottomaksi.
Ylivoiman edessä uupuu.
Se väsyttää.

RIITTÄMÄTÖN OLO

Vähän kerrallaan.
Sekunnit, minuutit.
Tunti ja päivä kerralla.
Aika kuluu,
menee jonnekin.
Jättää kuluneen mielen.
Illalla on riittämätön olo.
Olisi voinut olla enemmän,
'vähän parempi.
Ei vain riittänyt,
vaikka yritti.
Jos olisi ollut valmis,
olisi ymmärtänyt,
olisi vähän enemmän.
Olisiko sitten riittänyt?

IHAN VÄHÄN

Aina jotain liikaa
tai liian vähän.
Aina rinnalla,
mutta vähän viiveellä,
vähän väärässä,
ei koskaan oikeassa.
Riittämätön ihminen,
vähän liian kiltti,
vähän liian hankala.
Aina valmis,
vähän väärään aikaan,
väärässä paikassa,
vähän väärässä roolissa.

ENTÄ JOS

Kun pilvet tulevat.
On selvittävä marraskuusta.
Marras on kuoleman pintaa.
On vain kestettävä.

Entä jos ei kestä?

PALJONKO ON VÄHÄN

Kuinka paljon on vähän?
Aina voisi olla vähemmän.
Aina pitäisi olla enemmän.
Entä jos ei olisi?
Entä jos tämä olisi sopivasti.
Riittäisi hyvin.
Riittävän vähän.

SÄRKYNEET SANAT

Meitä on monta,
lukematonta.
Rikki mennyttä,
korjaamatonta.
Kipujen murtamaa,
kelvotonta.
Pärjäämätöntä kulkijaa.
Onnetonta ei kuitenkaan.
Särkynyt on ymmärtänyt.
Aarteensa löytänyt.
Kipujen kirkastamat.
Rinnalla kulkevat.
Särkyneet sanat.
Niitä ymmärtävät.

METSÄ

Metsälle annettua aikaa ei ole,
on vain metsän aikaa.
Parasta aikaa.

METSÄ ON

Metsä on hiljainen lähtiessäni.
Yhtä hiljainen kuin saapuessani.
Yhtä kodikas ja hyväksyvä.
Kaikenlaisia sietävä.

METSÄN SELKOKIELTÄ

Metsän puhe ei ole vaikeaa ymmärtää,
se on universaalia selkokieltä.
On vain oltava avoin sanottavalle.
Elämän taustamelu voi olla voimakas,
niin ettei metsän puhe kuulu.
Silti metsä puhuu ja sillä on asiaa.
Aikaa se joskus vaatii,
        että taustamelu vaimenee.

On toisinaan kuljettava kauan,
niin että metsä suodattaa häiritsevät äänet.
On syytä kuitenkin muistaa,
että puhetta ymmärtää vain,
        jos sitä oikeasti kuuntelee.

Metsää on kuunneltava ilman ennakkoluuloja.
On haluttava kuulla metsän puhe.
Kyllä sydän sen ymmärtää.
Se osa meissä, joka siihen vielä pystyy
        olemaan yhteydessä luontoon.

Voi kokea järkytyksen tai iloisen yllätyksen,
kun sydän alkaa kuulla metsän ajatuksia.
Metsä puhuu aina vain sen verran,
        kuin vaeltaja käsittää.

METSÄN TUTKIMUS

Metsä luotaa ihmisen koko olemuksen.
Pian se on selvillä kulkijan henkisestä jaksamisesta,
siitä kuinka repaleinen vaeltaja on.
Metsä voi eheyttää repaleisen mielen ja sielun.
Tai se voi antaa uhoavien mennä.
                    Moni meneekin,
kulkee kuin kauppakeskuksen käytäviä,
ostoslistassa nähtävyydet.
Mitä asiaa metsällä olisi hälisijöille
tai etuviistossa painaville suorittajille.
Metsä antaa sellaisten mennä menojaan.
                    Menetys on merkittävä,
mutta onneksi metsään voi tulla uudelleen.
Ehkä jonain päivänä puhetta ymmärtää kuunnella.
Usein sellainen vaatii elämään jotain,
mikä saa sydämen ja mielen avautumaan
                    metsän puheelle.

METSÄ PUNNITSEE

Kun ensimmäisen kerran kysyin, miten metsä puhuu,
kuulin tikan koputuksen ja yritin nähdä sitä saadakseni kuvan.
Tikka on utelias ja taitava piiloutuja, joka tulee kurkkimaan.
Ymmärsin samalla, että metsällä oli asiaa.
Metsä koputti sydämen oveen ja halusi sanoa jotain.
Minä avasin sydämeni oven ja ikkunat.
Metsä sanoi, että ihmisen maailmassa ei ole rauhaa,
useimmilla elämä on epätasapainossa.
Siksi on niin paljon ahdistusta.
Se näkyy monella tavalla kaikkialla ja joka hetki.
Se aiheuttaa paljon sairautta ja kärsimystä.
Elämän tasapaino korjaisi monta asiaa,
auttaisi selviämään vastoinkäymisistä.
Mutta vaikka se on helppo ymmärtää,
ei moni sitä tavoita kuin hetkittäin.
Metsässä asiat asettuvat omalla painollaan tasan.
Niiden suhde löytää oikean koon.
Onnen pienet hetket tulevat esiin.

HAAVAN HUOKAUS

Sadat haavanlehdet satavat ilmassa,
leijailevat vallattomina ja värikkäinä.
Hetken ne ovat kaikesta vapaita.

Lentävät kuin aikaa ei olisi.

VENE JA RANTAKUUSI

Ajattelen aina lahonneella veneellä käydessäni.
Menneitä ihmisiä, jotka kerran,
maatuneen polun veneelle kulkivat.

Näen heidän hahmonsa, kuulen äänet,
naurahdukset tarinan päälle.
Ajattelen veneen hiljaista maatumista,
lahoamista suuren kuusen katveessa.
Vuosia, jotka se on ollut yksin,
kantanut talven raskaita lumikuormia,
jotka ovat sulaneet kevään auringossa.
Ajattelen alkukesän viileitä aamuja.

Hiljaisia hetkiä, kun usva mataa lahdelmassa,
kuikan haikea huuto kantautuu salmesta.
Kesäaamuja, joina veneen painunut kokka
katselee surullisena metsäpolun suuntaan.
Katsoo ja odottaa tuttuja hahmoja.
Ääniä, jotka kuuluvat jo,
askeleita, rykäisyjä, naurahduksia.

"Kohta laskemma verkot"

METSÄN SIUNAUS

Kävelen joen lumista rantapolkua.
Tarvon jälkeä ja teen oman reitin.
Virta on mustaa vettä,
valkoisten rantojen kehys ja kaartuvat oksat.
Suuret, taivaisiin katsovat kuuset.
Valkoiset lumiset oksat,
kuin siunaavat kämmenet.
Puhuvat sanatta kulkijalle,
pysy siinä, ole rauhassa,
katso meitä.
Opi meistä.
Me hyväksymme.
　　　　Olet osa kaikkea.

Ota metsän siunaus,
ota virran voima,
ota lumen valkeus.
　　　　Jatka matkaa.

METSÄN TARINA

Metsän tuoksu,
elämän maku.
Mieletön kokemus,
huumaa ja kietoo syliin,
kuljettaa kuin ilmavirrassa.
Metsän huminassa.
Leijun siinä ja lepään.
Olen kevyt, olen ilmaa,
osa suurta suunnitelmaa.
Kuulun siihen,
mikä tuli tänne jo kauan sitten.
Silloin kun kaikki alkoi.
Olin jo silloin mukana,
odotin aikaani.
Elämän hetkeä,
siiveniskua, joka kuljetti tänne.
Kerran tarina jatkuu toisaalla.
Tarina, joka ei koskaan pääty.
Metsän tarina.
Ihmisen tarina.

VIIPYVÄ VALO

Karu ranta,
rinteessä jykevä petäjä.
Oksien varjossa,
viipyvä valo karheassa kyljessä.
Kaarnan pinnalla kartta.
Lähden matkaan.

Unohdun.

METSÄN AIKA

Metsälle annettua aikaa ei ole,
on vain metsän aikaa.
Parasta aikaa.

METSÄ PUHUU

Aamuneljän aikaan kävelen kohti pientä metsälampea.
Haluan nähdä aamun heräämisen luonnossa.
Tiedän olevani jo myöhässä, mutta jotain ehtisin kokea.
Metsäpolku on hiljainen,
tien laidassa seisova peura on kuin patsas.
Pysähdyn ja näen toisia sen takana.
Parilla loikalla ne katoavat metsän suojiin.
Aurinko siivilöityy suurten honkien läpi,
lähden tarpomaan rauhallista vauhtia.
En ole matkalla mihinkään ja siksi olen tullut.
Metsä ei ole tavaratalo, josta etsitään ja ostetaan.
Metsä on viisas ystävä, joka kulkee mukana,
            kertoo sen verran kuin kulkija ymmärtää.

VAELTAJAN TARINA

Olen vaeltaja tunturin rinteellä,
jalkojeni alla aaltokivi.
Kiven päällä näen honkapuun,
hetken kiviaalloilla lipuneen.
Osana tarinaa.
Olenko minä osa tätä tarinaa?
Tunturipuron sydänkiven jätin huipulle.
Jääkö siitä murunen muistoksi.
Tunturin tarinaan.
Olen tunturin vaeltaja,
koen äärettömyyden,
tunnen katoavaisuuden
Näen hetkeni mitan.

MERI HÄNESSÄ

Meri oli hänessä kuin saari meressä.
Sylissä ja sydämessä,
mielessä kuin nuoruuden rakkaus.
Sitä meri olikin hänelle,
se oli nuoruuden rakastettu.
Herkkien kokemusten aikaa,
väkevien tunteiden tarmoa.
Hän oli elänyt merellä ja meri eli hänessä.
Miten meri olisi hänestä lähtenyt.
Miten se olisi hänestä poistettu,
vaikka hänen oli lähdettävä mereltä.
Jätettävä se kuin ensirakkaus,
hylättävä elämänsä rakkaus.
Saari ja kotiranta,
jonka häviämättömät muistot
jäivät kirkkaina,
kuulaina suolan makuisina
pärskeinä sydämeen.

AALTOKIVI

Olen tuuli,
kuljen tunturin kivirakkaa,
hivelen vaivaiskoivun lehtiä,
nostan kitukasvuisen männyn
havuja pyörteessä,
vien alas kuruun.

Olen kiveksi jähmettynyt aalto
laattakivenä tunturissa.
Kerran olin vedenpinta kuikalle,
jonka huuto kaikui alkumeren yli.

Olin aalto, joka lainehti rannalle.
Nyt olen kivi kulkijoille.
He kävelevät päältäni,
eivätkä tiedä astuvansa.
aaltokiven laineille.

UNOHDUKSEN RANTA

Olen unohduksen rannalla,
käyttämättömien veneiden satamassa.
Muistot menneistä kesistä,
rantakivien rahinasta,
raapaisuista pohjassa.
Muistot kuuluvat vielä rantakivikoista.
Lasten kiljahdukset rantavedessä,
onkien kopsahdukset veneen laitaan.
Eväsrepun kumahdus pohjaan,
airon läiskähdys veteen.
Äänet muistojen rannalla.
Unohdettujen veneiden satamassa.

SIELUNVIRITTÄJÄ

Eräänä iltayönä kuljin vaaran laitaan.
Sieltä näkyi järvenselän yli.
Sinne, missä aurinko oli vielä korkealla järven yläpuolella.
Tummana piirtyi tunturin jylhä kaari taivaanrantaan.
Yöttömän yön aurinko värjäsi kuusikon varjoihin katoavaa
sammalikkoa.
Istuin kaatuneen puun kyljellä ja annoin veden kultasillan
virittää sydäntäni.
Ajattelin, ettei elämä soi omien nuottien mukaan kenelläkään.
Ihmisen sielussa soi särkynyt ääni, joka kaipaa virittäjää.
Herkkävireisen ihmisen sielu elää ja liikkuu hetkessä, kuin
ilmavirrassa.
Herkkävireinen ihminen on helppo suistaa masennukseen.
Hyvät sanat nostavat sieltä, muuttavat mielen vireen.
Ystävän sanat, virittävät sielun soimaan.
Sielunvirittäjän sanat.

SILMU OKSASSA

Ei ole helppoa irrottaa katsettaan menneestä,
    jos on kiintynyt siihen.
    Tai kokenut kovia.
    Jäänyt olleeseen kiinni.
Ei saa itseään koetusta irti, vaikka kuinka tempoo.
    Väsyy rimpuiluun,
    kuin karannut koira,
    jonka hihna on tarttunut oksaan.
Koko olemuksen huumannut vapaus on päättynyt.
    Entä jos pääsisi irti.
    Pääsisi eteenpäin.
Entä jos joku tulisi ja irrottaisi hihnan.
    Sanoisi sanat ja vapauttaisi.
    Miltä vapaus tuntuisi?
Silmukka oksassa muuttuisi silmuksi.
    Samassa oksassa.

VAIKEA SAALIS

Vapaus on vaikea saalis,
se pöllön huudossa soi.
Usvassa joskus tammukkapuron,
pajujen sillan ylitse kulkee,
katoaa aamukasteeseen.

ELÄMÄN VIRRALLA

Pitkän lenkkini puolimatkassa saavuin virran rannalle.
Nousin sileälle kivelle, katsellen kysyvänä kuohuihin.

Mikä on elämän tarkoitus, pohdin?
Mitä näet, kun painat pääsi, virta kysyi.

Näen vain oman hahmoni, vastasin.
Katso vasempaan päin, virta jatkoi.
Näin lehmuksen oksan kuvastuvan vedestä.

Mikä on elämän tarkoitus, kysyin lehmukselta.
Kantaa metsän lintuja oksillaan, se sanoi.

Antaa niille pesä ja syötävää.
Kaatua sitten virtaan suojaksi kaloille.

Mikä on elämän tarkoitus, kysyin kaloilta.
Uida vastavirtaan ja kutea, ne sanoivat.
Syödä ja tulla syödyksi.
Siinä kaikki.

Katselin sileää kiveä jalkojeni alla.
Vaiti se oli kuunnellut kyselyäni.

Mikä sinun mielestäsi on elämän tarkoitus,
kysyin kiveltä.

Hioutua sileäksi särmistä, se vastasi.
Kantaa jäinen kansi ja talven lumipeite.

Sulaa kevätauringossa paljaaksi.
Valkorintaisen koskikaran levähtää,
muuttomatkallaan pohjoiseen.

Keräämään voimia ja sukeltamaan syötävää.

Tule ensi keväänä tähän,
niin se kertoo elämän tarkoituksen.

ILO

Onnea ei voi säilöä,
se on virta,
joka kulkee siellä,
missä sydän on avoin.

ELÄMÄNILON LÄHDE

Ilo on lähde, joka pulppuaa syvältä.
Pulppuaa ja tuo joka sykäyksellä
jäätävän raikasta,
kirkasta ja puhdasta vettä.
Mistä lähteen vesi tulee
upottavan suon keskelle?
Mistä tulee elämänilo,
kun matka kulkee
vastoinkäymisestä toiseen.
Elämä on rämeikössä rämpimistä.
Elämänilon lähde on siellä,
mistä sitä viimeisenä etsii.
Vaikeuksien rämeiköllä,
raskaan ryteikön keskellä.
Elämänilo on löydettävä sieltä.
On annettava sen tulla.
On annettava sen virrata,
vaikka ei tiedä,
mistä elämänilo tulee.

ONNELLINEN HETKI

Ajattelen sellaista hetkeä,
missä sulkee silmänsä
ja se lipuu esiin.
Kuin kuikka lahdelmassa.

Tai veden pintaa liippaava pääsky,
joka kiitää sinitaivaalle.
Hetki, jona kaikki on sillä tavalla,
että voisi vain olla siinä.

On hetki.

Huomaa olevansa huoleton ja vapaa.
Voisi vain palata.
        Jäädä siihen.

LUONNOLLINEN ILO

Ilo tulee luonnossa huomaamatta.
Ensin on ajatuksissa joku huoli.
Vähitellen se haalenee.
Alkaa havainnoida luontoa,
sen loputtomia virikkeitä.
Katselee lintuja, korentoja, pilviä,
ihailee taivaan sineä.
Kuuntelee tuulen soittoa haavan lehvissä,
aaltojen rytmiä päilyvillä laineilla.
Muutoksen hetkeä ei huomaa.
Hyvä tuuli viriää luonnollisesti.

ONNEN VIRTA

Onnea ei voi säilöä,
se on virta,
joka kulkee siellä,
missä sydän on avoin.

ELÄMÄN KIRJOKAARI

Elämä on enemmän kuin kaksi väriä.
Elämä on värien kirjokaari.
Värisävyjen sateenkaari.
Auringonsäde pisaran pinnalla.
Elämän kirjokaari syntyy kyyneleistä.
Kyyneleet tuovat värit elämään.
Sateenkaaren sydämeen.
Rakkaus kyyneleen pinnalla.
Kaikki värit tulevat käyttöön.
Elämän paletti sydämessä.
Tyhjä kangas edessä.
Joka hetki oman elämänsä taiteilija.

ONNEN SYYT

Arjen onni.
Onnen kestävin muoto.
Aika kuluttaa sitä.
Hioo ja muotoilee.
Syyt paljastuvat aikanaan.
Arki hioo ne esiin.
Onnen syyt.

USKALLUS

On uskallettava avata jotain,
        että näkisi, mitä ei halunnut.
On löydettävä rohkeus,
        vaikka on täynnä pelkoa.
On luotettava,
        että rohkeus avaa oven,
        josta ilo saapuu.

ONNEN SÄDE

Mistä se taas tuli.
Pilkisti pilven raosta.
Pieni onnen hetki.
Tuli ja muutti kaiken.
Sai nousemaan ylös,
sai aloittamaan alusta.
Pieni onnen hetki.
Kiskoi epätoivon suosta,
nosti ja vei eteenpäin,
kantoi hetkestä toiseen.

Pienestä onnen hetkestä.

KYPSYVÄ AJATUS

Ajatus on minussa.
Tunnen sen liikkuvan,
poukkoilevan sydämen seinämissä.
Annan sen olla ja kasvaa rauhassa.
Ajan oloon se kypsyy,
turhat rönsyt tippuvat,
oleellinen kestää.
Ajatus on kuin puu aukealla,
sen on tultava koetelluksi.
Tuulien on puhallettava,
myrskyjen ravisteltava,
lumitaakkojen painettava,
auringon paahdettava.
Kerran se kypsyy,
kantaa hedelmää.
Aikanaan.

AJATUS

Heitän ajatukseni taivaalle.
Ehkä se leijuu äärettömyyteen,
repeää myrskyssä.
sataa silppuna maahan.
Tai kenties leppeä tuuli tarttuu siihen.
Lennättää lempeästi.

SINÄ HYMYILET ELÄMÄN

Kaiken kokemani läpi,
näen lempeän hymysi.
Hyväksyvän, ymmärtävän.
Rakastavan hymysi.
Voin nähdä sen aina,
voin tuntea sen aina.
Hymysi on sydämessäni.
Rakkaani.

Sinä hymyilet elämän.

ELÄMÄN KEINU

Elämän keinuliike ilosta suruun,
kaikesta siltä väliltä.
Toisinaan tähdet ja taivas.
Voisi singahtaa ja kiitää,
kuin kotka aurinkoon.
Liidellä taivaalla kuin haukka,
kieppua pääskyn tavoin.
Toisinaan jalat osuvat maahan.
Järki ja tunteet tasapainossa,
on selkeä ja vakaa olo.
Näkee horisonttiin asti elämän,
näkee ja osaa laittaa asiat ojennukseen.
Omat ja toisten.
On järjen ääni.
Sitten keinu keinahtaa toiseen suuntaan.
Näkee vain allaan poljetun tantereen.
Mustaa multaa koko näköala.
Matka sinne on yksi heilahdus.
Sillä hetkellä varmin asia maailmassa.
Elämän keinuliike ilosta suruun.

ELÄMÄ EI OLE TAPA

Elämä on lyhyt,
ei siitä tapaa
    kannata yrittää.

    Työ jää kesken.

On vain kokemus,
    joka meni.
On eilinen,
    kun sen huomaa.

HILJAA PAINAUDUN

Olen rannan painunut paju, varsi virrassa vapisee,
ja versoni kylmät, jäiset, jäähileinä helisee.

Olen menneen kesän korsi,
syysmyrskyissä katkesin
ja kallion kamaralle,
minä hiljaa painauduin.

Olen virran musta kivi, jota aallot muotoilevat,
jonka jäisen kuoren alla sydän kylmästä värisee.

Olen menneen kesän korsi,
syysmyrskyissä katkesin,
ja kallion kamaralle,
minä hiljaa painauduin.

Olen jäätynyt metsän marja, jota linnut nokkia saa,
jonka tulenpunainen väri, tuskan mittoja heijastaa.

Olen menneen kesän korsi,
syysmyrskyissä katkesin,
ja kallion kamaralle,
minä hiljaa painauduin.

TÄMÄN VERRAN

Kaikki me haluamme,
että joku kuulisi.
Jokaisella oma ääni,
joka odottaa.
On vain löydettävä kuulija.

Arvokkain lahja
on kuuleminen.

Kaikki haluavat tulla kuulluksi.

VALMIS ELÄMÄÄN

Mielessään ihminen käy elämänsä taistelut.
Kaikki muu on seurausta siitä.
Kaikki ulkoinen on sisäisen heijastus.
Hengen jälki elämässä.
Ulkoinen muuttuu vain sisältä päin.
Ihminen, joka voittaa sisäiset kamppailunsa,
on valmis myös ulkoisiin.
Valmis elämään.

JOKAINEN YRITTÄÄ

Ole hyvä itsellesi,
kuka muu sitä olisi.
Anna anteeksi ja yritä unohtaa.
Muista, ettet tehnyt parastasi.
Ei kukaan tee.
Jokainen yrittää.

IHME

Tullaan kysymykseen,
mikä on ihme?
Päädytään ajatukseen,
kaikki on ihmettä.
Ihmettä alusta loppuun,
ehkä jälkeenkin.

ONNENKIVET

Onnen pienet hetket,
ovat kuin kiviä purossa.
Niiden varassa
me kuljemme
yli epätoivon virtojen.